TRANZLATY

La Langue est pour tout le Monde

Taal is vir almal

La Belle et la Bête

Skoonheid en die Dier

Gabrielle-Suzanne Barbot de Villeneuve

Français / Afrikaans

Copyright © 2025 Tranzlaty
All rights reserved
Published by Tranzlaty
ISBN: 978-1-80572-026-3
Original text by Gabrielle-Suzanne Barbot de Villeneuve
La Belle et la Bête
First published in French in 1740
Taken from The Blue Fairy Book (Andrew Lang)
Illustration by Walter Crane
www.tranzlaty.com

Il était une fois un riche marchand
Daar was eens 'n ryk handelaar
ce riche marchand avait six enfants
hierdie ryk handelaar het ses kinders gehad
il avait trois fils et trois filles
hy het drie seuns en drie dogters gehad
il n'a épargné aucun coût pour leur éducation
hy het geen koste vir hul opvoeding ontsien nie
parce qu'il était un homme sensé
want hy was 'n man van verstand
mais il a donné à ses enfants de nombreux serviteurs
maar hy het sy kinders baie diensknegte gegee
ses filles étaient extrêmement jolies
sy dogters was baie mooi
et sa plus jeune fille était particulièrement jolie
en sy jongste dogter was besonder mooi
Déjà enfant, sa beauté était admirée
as kind was haar skoonheid reeds bewonder
et les gens l'appelaient à cause de sa beauté
en die volk het haar deur haar skoonheid genoem
sa beauté ne s'est pas estompée avec l'âge
haar skoonheid het nie vervaag soos sy ouer geword het nie
alors les gens ont continué à l'appeler par sa beauté
daarom het die mense haar deur haar skoonheid bly roep
cela a rendu ses sœurs très jalouses
dit het haar susters baie jaloers gemaak
les deux filles aînées avaient beaucoup de fierté
die twee oudste dogters het baie trots gehad
leur richesse était la source de leur fierté
hulle rykdom was die bron van hulle trots
et ils n'ont pas caché leur fierté non plus
en hulle het ook nie hul trots weggesteek nie
ils n'ont pas rendu visite aux filles d'autres marchands
hulle het nie ander handelaars se dogters besoek nie
parce qu'ils ne rencontrent que l'aristocratie
want hulle ontmoet net aristokrasie

ils sortaient tous les jours pour faire la fête
hulle het elke dag uitgegaan na partytjies
bals, pièces de théâtre, concerts, etc.
balle, toneelstukke, konserte, ensovoorts
et ils se moquèrent de leur plus jeune sœur
en hulle het vir hul jongste suster gelag
parce qu'elle passait la plupart de son temps à lire
omdat sy die meeste van haar tyd spandeer het aan lees
il était bien connu qu'ils étaient riches
dit was welbekend dat hulle ryk was
alors plusieurs marchands éminents ont demandé leur main
so het verskeie vooraanstaande handelaars om hul hand gevra
mais ils ont dit qu'ils n'allaient pas se marier
maar hulle het gesê hulle gaan nie trou nie
mais ils étaient prêts à faire quelques exceptions
maar hulle was bereid om 'n paar uitsonderings te maak
« Peut-être que je pourrais épouser un duc »
"Miskien kan ek met 'n hertog trou"
« Je suppose que je pourrais épouser un comte »
"Ek dink ek kan met 'n graaf trou"
Belle a remercié très civilement ceux qui lui ont proposé
skoonheid het baie beskaafd bedank vir diegene wat aan haar voorgestel het
elle leur a dit qu'elle était encore trop jeune pour se marier
sy het vir hulle gesê sy is nog te jonk om te trou
elle voulait rester quelques années de plus avec son père
sy wou nog 'n paar jaar by haar pa bly
Tout d'un coup, le marchand a perdu sa fortune
Op een slag het die handelaar sy fortuin verloor
il a tout perdu sauf une petite maison de campagne
hy het alles verloor behalwe 'n klein plattelandse huis
et il dit à ses enfants, les larmes aux yeux :
en hy het vir sy kinders met trane in sy oë gesê:
« il faut aller à la campagne »
"ons moet platteland toe gaan"
« et nous devons travailler pour gagner notre vie »

- 2 -

"en ons moet werk vir ons lewe"
les deux filles aînées ne voulaient pas quitter la ville
die twee oudste dogters wou nie die dorp verlaat nie
ils avaient plusieurs amants dans la ville
hulle het verskeie minnaars in die stad gehad
et ils étaient sûrs que l'un de leurs amants les épouserait
en hulle was seker een van hulle minnaars sou met hulle trou
ils pensaient que leurs amants les épouseraient même sans fortune
hulle het gedink dat hul minnaars met hulle sou trou, selfs met geen fortuin nie
mais les bonnes dames se sont trompées
maar die goeie dames was verkeerd
leurs amants les ont abandonnés très vite
hulle minnaars het hulle baie vinnig verlaat
parce qu'ils n'avaient plus de fortune
want hulle het geen fortuin meer gehad nie
cela a montré qu'ils n'étaient pas vraiment appréciés
dit het gewys dat hulle nie eintlik baie geliefd is nie
tout le monde a dit qu'ils ne méritaient pas d'être plaints
almal het gesê hulle verdien nie om bejammer te word nie
« Nous sommes heureux de voir leur fierté humiliée »
"ons is bly om te sien hoe hul trots verneder is"
« Qu'ils soient fiers de traire les vaches »
"laat hulle trots wees om koeie te melk"
mais ils étaient préoccupés par Belle
maar hulle was besorg oor skoonheid
elle était une créature si douce
sy was so 'n lieflike wese
elle parlait si gentiment aux pauvres
sy het so vriendelik met arm mense gepraat
et elle était d'une nature si innocente
en sy was van so 'n onskuldige aard
Plusieurs messieurs l'auraient épousée
Verskeie here sou met haar getrou het
ils l'auraient épousée même si elle était pauvre

hulle sou met haar getrou het al was sy arm
mais elle leur a dit qu'elle ne pouvait pas les épouser
maar sy het vir hulle gesê sy kan nie met hulle trou nie
parce qu'elle ne voulait pas quitter son père
want sy wou nie haar pa verlaat nie
elle était déterminée à l'accompagner à la campagne
sy was vasbeslote om saam met hom na die platteland te gaan
afin qu'elle puisse le réconforter et l'aider
sodat sy hom kon troos en help
pauvre Belle était très affligée au début
Arme skoonheid was aanvanklik baie bedroef
elle était attristée par la perte de sa fortune
sy was bedroef oor die verlies van haar fortuin
"Mais pleurer ne changera pas mon destin"
"maar om te huil sal nie my lot verander nie"
« Je dois essayer de me rendre heureux sans richesse »
"Ek moet probeer om myself gelukkig te maak sonder rykdom"
ils sont venus dans leur maison de campagne
hulle het na hul plattelandse huis gekom
et le marchand et ses trois fils s'appliquèrent à l'agriculture
en die handelaar en sy drie seuns het hulle op die landbou toegespits
Belle s'est levée à quatre heures du matin
skoonheid het om vieruur in die oggend opgestaan
et elle s'est dépêchée de nettoyer la maison
en sy het haastig die huis skoongemaak
et elle s'est assurée que le dîner était prêt
en sy het seker gemaak aandete is gereed
au début, elle a trouvé sa nouvelle vie très difficile
aan die begin het sy haar nuwe lewe baie moeilik gevind
parce qu'elle n'était pas habituée à un tel travail
omdat sy nie aan sulke werk gewoond was nie
mais en moins de deux mois elle est devenue plus forte
maar in minder as twee maande het sy sterker geword
et elle était en meilleure santé que jamais auparavant

en sy was gesonder as ooit tevore
après avoir fait son travail, elle a lu
nadat sy haar werk gedoen het, het sy gelees
elle jouait du clavecin
sy het op die klavesimbel gespeel
ou elle chantait en filant de la soie
of sy het gesing terwyl sy sy gespin het
au contraire, ses deux sœurs ne savaient pas comment passer leur temps
inteendeel, haar twee susters het nie geweet hoe om hul tyd deur te bring nie
ils se sont levés à dix heures et n'ont rien fait d'autre que paresser toute la journée
hulle het tienuur opgestaan en niks gedoen as om die hele dag te lui nie
ils ont déploré la perte de leurs beaux vêtements
hulle het die verlies van hul mooi klere betreur
et ils se sont plaints d'avoir perdu leurs connaissances
en hulle het gekla oor die verlies van hul kennisse
« Regardez notre plus jeune sœur », se dirent-ils.
"Kyk bietjie na ons jongste suster," sê hulle vir mekaar
"Quelle pauvre et stupide créature elle est"
"wat 'n arm en dom skepsel is sy nie"
"C'est mesquin de se contenter de si peu"
"dit is gemeen om met so min tevrede te wees"
le gentil marchand était d'un avis tout à fait différent
die vriendelike handelaar was van 'n heel ander mening
il savait très bien que Belle éclipsait ses sœurs
hy het baie goed geweet dat skoonheid haar susters oortref het
elle les a surpassés en caractère ainsi qu'en esprit
sy het hulle oortref in karakter sowel as verstand
il admirait son humilité et son travail acharné
hy het haar nederigheid en haar harde werk bewonder
mais il admirait surtout sa patience
maar bowenal het hy haar geduld bewonder
ses sœurs lui ont laissé tout le travail à faire

haar susters het vir haar al die werk gelos om te doen
et ils l'insultaient à chaque instant
en hulle het haar elke oomblik beledig
La famille vivait ainsi depuis environ un an.
Die gesin het sowat 'n jaar lank so geleef
puis le commerçant a reçu une lettre d'un comptable
toe kry die handelaar 'n brief van 'n rekenmeester
il avait un investissement dans un navire
hy het 'n belegging in 'n skip gehad
et le navire était arrivé sain et sauf
en die skip het veilig aangekom
Cette nouvelle a fait tourner les têtes des deux filles aînées
hierdie nuus het die twee oudste dogters se koppe laat draai
ils ont immédiatement eu l'espoir de revenir en ville
hulle het dadelik hoop gehad om terug te keer dorp toe
parce qu'ils étaient assez fatigués de la vie à la campagne
want hulle was nogal moeg vir die plattelandse lewe
ils sont allés vers leur père alors qu'il partait
hulle het na hul pa gegaan toe hy weg was
ils l'ont supplié de leur acheter de nouveaux vêtements
hulle het hom gesmeek om vir hulle nuwe klere te koop
des robes, des rubans et toutes sortes de petites choses
rokke, linte, en allerhande klein dingetjies
mais Belle n'a rien demandé
maar skoonheid het niks gevra nie
parce qu'elle pensait que l'argent ne serait pas suffisant
omdat sy gedink het die geld gaan nie genoeg wees nie
il n'y aurait pas assez pour acheter tout ce que ses sœurs voulaient
daar sou nie genoeg wees om alles te koop wat haar susters wou hê nie
"Que veux-tu, ma belle ?" demanda son père
"Wat wil jy hê, skoonheid?" vra haar pa
« Merci, père, pour la bonté de penser à moi », dit-elle
"dankie, vader, vir die goedheid om aan my te dink," het sy gesê

« Père, ayez la gentillesse de m'apporter une rose »
"Vader, wees so vriendelik om vir my 'n roos te bring"
"parce qu'aucune rose ne pousse ici dans le jardin"
"want hier groei geen rose in die tuin nie"
"et les roses sont une sorte de rareté"
"en rose is 'n soort rariteit"
Belle ne se souciait pas vraiment des roses
skoonheid het nie regtig vir rose omgegee nie
elle a juste demandé quelque chose pour ne pas condamner ses sœurs
sy het net vir iets gevra om nie haar susters te veroordeel nie
mais ses sœurs pensaient qu'elle avait demandé des roses pour d'autres raisons
maar haar susters het gedink sy vra vir rose om ander redes
"Elle l'a fait juste pour avoir l'air particulière"
"Sy het dit net gedoen om besonders te lyk"
L'homme gentil est parti en voyage
Die gawe man het op sy reis gegaan
mais quand il est arrivé, ils se sont disputés à propos de la marchandise
maar toe hy daar aankom, het hulle oor die handelsware gestry
et après beaucoup d'ennuis, il est revenu aussi pauvre qu'avant
en na baie moeilikheid het hy teruggekom so arm soos voorheen
il était à quelques heures de sa propre maison
hy was binne 'n paar uur van sy eie huis af
et il imaginait déjà la joie de revoir ses enfants
en hy het hom reeds die vreugde verbeel om sy kinders te sien
mais en traversant la forêt, il s'est perdu
maar toe hy deur die bos gaan, het hy verdwaal
il a plu et neigé terriblement
dit het vreeslik gereën en gesneeu
le vent était si fort qu'il l'a fait tomber de son cheval
die wind was so sterk dat dit hom van sy perd af gegooi het

et la nuit arrivait rapidement
en die nag het vinnig gekom
il a commencé à penser qu'il pourrait mourir de faim
hy het begin dink dat hy dalk honger ly
et il pensait qu'il pourrait mourir de froid
en hy het gedink dat hy sou doodvries
et il pensait que les loups pourraient le manger
en hy het gedink wolwe mag hom eet
les loups qu'il entendait hurler tout autour de lui
die wolwe wat hy rondom hom hoor huil het
mais tout à coup il a vu une lumière
maar skielik het hy 'n lig gesien
il a vu la lumière au loin à travers les arbres
hy het die lig op 'n afstand deur die bome gesien
quand il s'est approché, il a vu que la lumière était un palais
toe hy nader kom sien hy die lig is 'n paleis
le palais était illuminé de haut en bas
die paleis was van bo na onder verlig
le marchand a remercié Dieu pour sa chance
die handelaar het God gedank vir sy geluk
et il se précipita vers le palais
en hy het hom na die paleis gehaas
mais il fut surpris de ne voir personne dans le palais
maar hy was verbaas om geen mense in die paleis te sien nie
la cour était complètement vide
die binnehof was heeltemal leeg
et il n'y avait aucun signe de vie nulle part
en daar was nêrens teken van lewe nie
son cheval le suivit dans le palais
sy perd het hom in die paleis gevolg
et puis son cheval a trouvé une grande écurie
en toe kry sy perd groot stal
le pauvre animal était presque affamé
die arme dier was amper uitgehonger
alors son cheval est allé chercher du foin et de l'avoine
daarom het sy perd ingegaan om hooi en hawer te vind

Heureusement, il a trouvé beaucoup à manger
gelukkig het hy genoeg te ete gekry
et le marchand attacha son cheval à la mangeoire
en die handelaar het sy perd aan die krip vasgemaak
En marchant vers la maison, il n'a vu personne
na die huis toe gestap het, het hy niemand gesien nie
mais dans une grande salle il trouva un bon feu
maar in 'n groot saal het hy 'n goeie vuur gekry
et il a trouvé une table dressée pour une personne
en hy het 'n tafel gekry wat vir een gedek is
il était mouillé par la pluie et la neige
hy was nat van die reën en sneeu
alors il s'est approché du feu pour se sécher
daarom het hy naby die vuur gegaan om hom af te droog
« J'espère que le maître de maison m'excusera »
"Ek hoop die eienaar van die huis sal my verskoon"
« Je suppose qu'il ne faudra pas longtemps pour que quelqu'un apparaisse »
"Ek veronderstel dit sal nie lank neem vir iemand om te verskyn nie"
Il a attendu un temps considérable
Hy het 'n geruime tyd gewag
il a attendu jusqu'à ce que onze heures sonnent, et toujours personne n'est venu
hy het gewag totdat dit elf slaan, en steeds het niemand gekom nie
enfin, il avait tellement faim qu'il ne pouvait plus attendre
uiteindelik was hy so honger dat hy nie meer kon wag nie
il a pris du poulet et l'a mangé en deux bouchées
hy het 'n hoender gevat en dit in twee mondevol geëet
il tremblait en mangeant la nourriture
hy het gebewe terwyl hy die kos geëet het
après cela, il a bu quelques verres de vin
hierna het hy 'n paar glase wyn gedrink
devenant plus courageux, il sortit du hall
moediger word hy uit die saal

et il traversa plusieurs grandes salles
en hy is deur verskeie groot sale
il a traversé le palais jusqu'à ce qu'il arrive dans une chambre
hy het deur die paleis gestap totdat hy in 'n kamer gekom het
une chambre qui contenait un très bon lit
'n kamer waarin 'n buitengewone goeie bed was
il était très fatigué par son épreuve
hy was baie moeg van sy beproewing
et il était déjà minuit passé
en die tyd was al oor middernag
alors il a décidé qu'il était préférable de fermer la porte
daarom het hy besluit dit is die beste om die deur toe te maak
et il a conclu qu'il devrait aller se coucher
en hy het tot die gevolgtrekking gekom hy moet gaan slaap
Il était dix heures du matin lorsque le marchand s'est réveillé
Dit was tien die oggend toe die handelaar wakker word
au moment où il allait se lever, il vit quelque chose
net toe hy gaan opstaan, sien hy iets
il a été étonné de voir un ensemble de vêtements propres
hy was verbaas om 'n skoon stel klere te sien
à l'endroit où il avait laissé ses vêtements sales
op die plek waar hy sy vuil klere gelos het
"ce palais appartient certainement à une sorte de fée"
"Sekerlik behoort hierdie paleis aan een of ander soort fee"
" une fée qui m'a vu et qui a eu pitié de moi"
"'n Feetjie wat my gesien en jammer gekry het"
il a regardé à travers une fenêtre
hy kyk deur 'n venster
mais au lieu de neige, il vit le jardin le plus charmant
maar in plaas van sneeu het hy die heerlikste tuin gesien
et dans le jardin il y avait les plus belles roses
en in die tuin was die mooiste rose
il est ensuite retourné dans la grande salle
hy is toe terug na die groot saal

la salle où il avait mangé de la soupe la veille
die saal waar hy die vorige aand sop gehad het
et il a trouvé du chocolat sur une petite table
en hy het 'n bietjie sjokolade op 'n tafeltjie gekry
« Merci, bonne Madame la Fée », dit-il à voix haute.
"Dankie, goeie Madam Fairy," sê hy hardop
"Merci d'être si attentionné"
"dankie dat jy so omgee"
« Je vous suis extrêmement reconnaissant pour toutes vos faveurs »
"Ek is uiters verplig teenoor jou vir al jou guns"
l'homme gentil a bu son chocolat
die gawe man het sy sjokolade gedrink
et puis il est allé chercher son cheval
en toe gaan soek hy sy perd
mais dans le jardin il se souvint de la demande de Belle
maar in die tuin onthou hy skoonheid se versoek
et il coupa une branche de roses
en hy het 'n takkie rose afgesny
immédiatement il entendit un grand bruit
dadelik het hy 'n groot geluid gehoor
et il vit une bête terriblement effrayante
en hy het 'n verskriklike vreeslike dier gesien
il était tellement effrayé qu'il était sur le point de s'évanouir
hy was so bang dat hy gereed was om flou te word
« Tu es bien ingrat », lui dit la bête.
"Jy is baie ondankbaar," sê die dier vir hom
et la bête parla d'une voix terrible
en die dier het met 'n vreeslike stem gepraat
« Je t'ai sauvé la vie en te laissant entrer dans mon château »
"Ek het jou lewe gered deur jou in my kasteel toe te laat"
"et pour ça tu me voles mes roses en retour ?"
"en hiervoor steel jy my rose in ruil daarvoor?"
« Les roses que j'apprécie plus que tout »
"Die rose wat ek bo alles waardeer"
"mais tu mourras pour ce que tu as fait"

"maar jy sal sterf vir wat jy gedoen het"
« Je ne vous donne qu'un quart d'heure pour vous préparer »
"Ek gee jou net 'n kwartier om jouself voor te berei"
« Préparez-vous à la mort et dites vos prières »
"maak jouself gereed vir die dood en bid jou gebede"
le marchand tomba à genoux
die handelaar het op sy knieë geval
et il leva ses deux mains
en hy het albei sy hande opgehef
« Monseigneur, je vous supplie de me pardonner »
"My heer, ek smeek U om my te vergewe"
« Je n'avais aucune intention de t'offenser »
"Ek was nie van plan om jou te beledig nie"
« J'ai cueilli une rose pour une de mes filles »
"Ek het 'n roos vir een van my dogters bymekaargemaak"
"elle m'a demandé de lui apporter une rose"
"Sy het my gevra om vir haar 'n roos te bring"
« Je ne suis pas ton seigneur, mais je suis une bête », répondit le monstre
"Ek is nie jou heer nie, maar ek is 'n dier," antwoord die monster
« Je n'aime pas les compliments »
"Ek hou nie van komplimente nie"
« J'aime les gens qui parlent comme ils pensent »
"Ek hou van mense wat praat soos hulle dink"
« N'imaginez pas que je puisse être ému par la flatterie »
"Moenie dink ek kan deur vleiery ontroer word nie"
« Mais tu dis que tu as des filles »
"Maar jy sê jy het dogters"
"Je te pardonnerai à une condition"
"Ek sal jou vergewe op een voorwaarde"
« L'une de vos filles doit venir volontairement à mon palais »
"een van jou dogters moet gewillig na my paleis kom"
"et elle doit souffrir pour toi"
"en sy moet vir jou ly"

« Donne-moi ta parole »
"Laat my jou woord sê"
"et ensuite tu pourras vaquer à tes occupations"
"en dan kan jy aangaan met jou besigheid"
« Promets-moi ceci : »
"Belowe my dit:"
"Si votre fille refuse de mourir pour vous, vous devez revenir dans les trois mois"
"As jou dogter weier om vir jou te sterf, moet jy binne drie maande terugkom."
le marchand n'avait aucune intention de sacrifier ses filles
die handelaar was nie van plan om sy dogters te offer nie
mais, comme on lui en donnait le temps, il voulait revoir ses filles une fois de plus
maar, aangesien hy tyd gegun is, wou hy weer sy dogters sien
alors il a promis qu'il reviendrait
daarom het hy belowe hy sal terugkeer
et la bête lui dit qu'il pouvait partir quand il le voudrait
en die dier het vir hom gesê dat hy kon vertrek wanneer hy wou
et la bête lui dit encore une chose
en die dier het hom nog een ding vertel
« Tu ne partiras pas les mains vides »
"jy mag nie met leë hande weggaan nie"
« retourne dans la pièce où tu étais allongé »
"gaan terug na die kamer waar jy gelê het"
« vous verrez un grand coffre au trésor vide »
"jy sal 'n groot leë skatkis sien"
« Remplissez le coffre aux trésors avec ce que vous préférez »
"vul die skatkis met wat jy ook al die lekkerste hou"
"et j'enverrai le coffre au trésor chez toi"
"en ek sal die skatkis na jou huis toe stuur"
et en même temps la bête s'est retirée
en terselfdertyd het die dier teruggetrek
« Eh bien, » se dit le bon homme

"Wel," sê die goeie man vir homself
« Si je dois mourir, je laisserai au moins quelque chose à mes enfants »
"as ek moet sterf, sal ek ten minste iets aan my kinders oorlaat"
alors il retourna dans la chambre à coucher
daarom het hy teruggegaan na die slaapkamer
et il a trouvé une grande quantité de pièces d'or
en hy het 'n groot klomp stukke goud gevind
il a rempli le coffre au trésor que la bête avait mentionné
hy het die skatkis gevul wat die dier genoem het
et il sortit son cheval de l'écurie
en hy het sy perd uit die stal gehaal
la joie qu'il ressentait en entrant dans le palais était désormais égale à la douleur qu'il ressentait en le quittant
die vreugde wat hy gevoel het toe hy die paleis binnegegaan het, was nou gelyk aan die hartseer wat hy gevoel het om dit te verlaat
le cheval a pris un des chemins de la forêt
die perd het een van die paaie van die woud gevat
et quelques heures plus tard, le bon homme était à la maison
en oor 'n paar uur was die goeie man tuis
ses enfants sont venus à lui
sy kinders het na hom toe gekom
mais au lieu de recevoir leurs étreintes avec plaisir, il les regardait
maar in plaas daarvan om hulle omhelsings met plesier te ontvang, het hy na hulle gekyk
il brandit la branche qu'il tenait dans ses mains
hy het die tak wat hy in sy hande gehad het omhoog gehou
et puis il a fondu en larmes
en toe bars hy in trane uit
« Belle », dit-il, « s'il te plaît, prends ces roses »
"skoonheid," het hy gesê, "neem asseblief hierdie rose"
"Vous ne pouvez pas savoir à quel point ces roses ont été chères"
"Jy kan nie weet hoe duur hierdie rose was nie"

"Ces roses ont coûté la vie à ton père"
"hierdie rose het jou pa sy lewe gekos"
et puis il raconta sa fatale aventure
en toe vertel hy van sy noodlottige avontuur
immédiatement les deux sœurs aînées crièrent
dadelik het die twee oudste susters uitgeroep
et ils ont dit beaucoup de choses méchantes à leur belle sœur
en hulle het baie slegte dinge vir hulle pragtige suster gesê
mais Belle n'a pas pleuré du tout
maar skoonheid het glad nie gehuil nie
« Regardez l'orgueil de ce petit misérable », dirent-ils.
"Kyk na die trots van daardie klein ellendeling," sê hulle
"elle n'a pas demandé de beaux vêtements"
"sy het nie vir mooi klere gevra nie"
"Elle aurait dû faire ce que nous avons fait"
"sy moes gedoen het wat ons gedoen het"
"elle voulait se distinguer"
"sy wou haarself onderskei"
"alors maintenant elle sera la mort de notre père"
"so nou sal sy die dood van ons vader wees"
"et pourtant elle ne verse pas une larme"
"en tog pik sy nie 'n traan nie"
"Pourquoi devrais-je pleurer ?" répondit Belle
"Hoekom moet ek huil?" het skoonheid geantwoord
« pleurer serait très inutile »
"huil sou baie onnodig wees"
« Mon père ne souffrira pas pour moi »
"my pa sal nie vir my ly nie"
"le monstre acceptera une de ses filles"
"die monster sal een van sy dogters aanvaar"
« Je m'offrirai à toute sa fureur »
"Ek sal myself aan al sy grimmigheid oordra"
« Je suis très heureux, car ma mort sauvera la vie de mon père »
"Ek is baie bly, want my dood sal my pa se lewe red"
"ma mort sera une preuve de mon amour"

"my dood sal 'n bewys van my liefde wees"
« Non, ma sœur », dirent ses trois frères
"Nee, suster," sê haar drie broers
"cela ne sera pas"
"dit sal nie wees nie"
"nous allons chercher le monstre"
"ons sal die monster gaan soek"
"et soit on le tue..."
"en óf ons sal hom doodmaak ..."
« ... ou nous périrons dans cette tentative »
"... of ons sal vergaan in die poging"
« N'imaginez rien de tel, mes fils », dit le marchand.
"Moenie jou so iets voorstel nie, my seuns," sê die handelaar
"La puissance de la bête est si grande que je n'ai aucun espoir que tu puisses la vaincre"
"Die dier se krag is so groot dat ek geen hoop het dat jy hom kan oorwin nie"
« Je suis charmé par l'offre aimable et généreuse de Belle »
"Ek is bekoor met skoonheid se vriendelike en vrygewige aanbod"
"mais je ne peux pas accepter sa générosité"
"maar ek kan nie haar vrygewigheid aanvaar nie"
« Je suis vieux et je n'ai plus beaucoup de temps à vivre »
"Ek is oud, en ek het nie lank om te lewe nie"
"Je ne peux donc perdre que quelques années"
"so ek kan net 'n paar jaar verloor"
"un temps que je regrette pour vous, mes chers enfants"
"tyd waaroor ek spyt is vir julle, my liewe kinders"
« Mais père », dit Belle
"Maar pa," sê skoonheid
"tu n'iras pas au palais sans moi"
"Jy mag nie na die paleis gaan sonder my nie"
"tu ne peux pas m'empêcher de te suivre"
"Jy kan my nie keer om jou te volg nie"
rien ne pourrait convaincre Belle autrement
niks kon skoonheid anders oortuig nie

elle a insisté pour aller au beau palais
sy het aangedring om na die fyn paleis te gaan
et ses sœurs étaient ravies de son insistance
en haar susters was verheug oor haar aandrang
Le marchand était inquiet à l'idée de perdre sa fille
Die handelaar was bekommerd oor die gedagte om sy dogter te verloor
il était tellement inquiet qu'il avait oublié le coffre rempli d'or
hy was so bekommerd dat hy vergeet het van die kis vol goud
la nuit, il se retirait pour se reposer et fermait la porte de sa chambre
in die nag het hy teruggetrek om te rus, en hy het sy kamerdeur toegemaak
puis, à sa grande surprise, il trouva le trésor à côté de son lit
toe vind hy tot sy groot verbasing die skat langs sy bed
il était déterminé à ne rien dire à ses enfants
hy was vasbeslote om dit nie vir sy kinders te vertel nie
s'ils savaient, ils auraient voulu retourner en ville
as hulle geweet het, sou hulle wou terugkeer dorp toe
et il était résolu à ne pas quitter la campagne
en hy was vasbeslote om nie die platteland te verlaat nie
mais il confia le secret à Belle
maar hy het skoonheid met die geheim vertrou
elle l'informa que deux messieurs étaient venus
sy het hom meegedeel dat twee here gekom het
et ils ont fait des propositions à ses sœurs
en hulle het aan haar susters voorstelle gemaak
elle a supplié son père de consentir à leur mariage
sy het haar pa gesmeek om in te stem tot hul huwelik
et elle lui a demandé de leur donner une partie de sa fortune
en sy het hom gevra om vir hulle van sy fortuin te gee
elle leur avait déjà pardonné
sy het hulle reeds vergewe
les méchantes créatures se frottaient les yeux avec des oignons

die goddelose wesens het hul oë met uie gevryf
pour forcer quelques larmes quand ils se sont séparés de leur sœur
om 'n paar trane te dwing toe hulle met hul suster geskei het
mais ses frères étaient vraiment inquiets
maar haar broers was regtig bekommerd
Belle était la seule à ne pas verser de larmes
skoonheid was die enigste een wat geen trane gestort het nie
elle ne voulait pas augmenter leur malaise
sy wou nie hul onrustigheid vermeerder nie
le cheval a pris la route directe vers le palais
die perd het die direkte pad na die paleis geneem
et vers le soir ils virent le palais illuminé
en teen die aand het hulle die verligte paleis gesien
le cheval est rentré à l'écurie
die perd het homself weer in die stal geneem
et le bon homme et sa fille entrèrent dans la grande salle
en die goeie man en sy dogter het in die groot saal ingegaan
ici ils ont trouvé une table magnifiquement dressée
hier kry hulle 'n tafel wat pragtig opgedien is
le marchand n'avait pas d'appétit pour manger
die handelaar het geen eetlus gehad nie
mais Belle s'efforçait de paraître joyeuse
maar skoonheid het probeer om vrolik te voorkom
elle s'est assise à table et a aidé son père
sy gaan sit by die tafel en help haar pa
mais elle pensait aussi :
maar sy het ook by haarself gedink:
"La bête veut sûrement m'engraisser avant de me manger"
"bees wil my sekerlik vetmaak voor hy my eet"
"c'est pourquoi il offre autant de divertissement"
"dit is hoekom hy so volop vermaak verskaf"
après avoir mangé, ils entendirent un grand bruit
nadat hulle geëet het, het hulle 'n groot geluid gehoor
et le marchand fit ses adieux à son malheureux enfant, les larmes aux yeux

en die handelaar het met trane in sy oë van sy ongelukkige kind afskeid geneem
parce qu'il savait que la bête allait venir
want hy het geweet die dier kom
Belle était terrifiée par sa forme horrible
skoonheid was verskrik oor sy aaklige vorm
mais elle a pris courage du mieux qu'elle a pu
maar sy het moed gevat so goed sy kon
et le monstre lui a demandé si elle était venue volontairement
en die monster het haar gevra of sy gewillig kom
"Oui, je suis venue volontiers", dit-elle en tremblant
"Ja, ek het gewillig gekom," sê sy bewend
la bête répondit : « Tu es très bon »
die dier het geantwoord: "Jy is baie goed"
"et je vous suis très reconnaissant, honnête homme"
"en ek is baie verplig teenoor jou, eerlike man"
« Allez-y demain matin »
"gaan môre oggend jou weë"
"mais ne pense plus jamais à revenir ici"
"maar moet nooit daaraan dink om weer hierheen te kom nie"
« Adieu Belle, adieu bête », répondit-il
"Vaarwel skoonheid, vaarwel dier," antwoord hy
et immédiatement le monstre s'est retiré
en dadelik het die monster teruggetrek
« Oh, ma fille », dit le marchand
"O, dogter," sê die handelaar
et il embrassa sa fille une fois de plus
en hy het sy dogter weer omhels
« Je suis presque mort de peur »
"Ek is amper doodbang"
"crois-moi, tu ferais mieux de rentrer"
"glo my, jy moet beter teruggaan"
"Laisse-moi rester ici, à ta place"
"laat ek hier bly, in plaas van jou"
« Non, père », dit Belle d'un ton résolu.

"Nee, pa," sê skoonheid, in 'n vasberade toon
"tu partiras demain matin"
"jy sal môreoggend vertrek"
« Laissez-moi aux soins et à la protection de la Providence »
"laat my oor aan die sorg en beskerming van die voorsienigheid"
néanmoins ils sont allés se coucher
nietemin het hulle gaan slaap
ils pensaient qu'ils ne fermeraient pas les yeux de la nuit
hulle het gedink hulle sal nie die hele nag hul oë toemaak nie
mais juste au moment où ils se couchaient, ils s'endormirent
maar net toe hulle gaan lê het, het hulle geslaap
La belle rêva qu'une belle dame venait et lui disait :
skoonheid het gedroom 'n goeie vrou kom en sê vir haar:
« **Je suis content, Belle, de ta bonne volonté** »
"Ek is tevrede, skoonheid, met jou goeie wil"
« **Cette bonne action de votre part ne restera pas sans récompense** »
"hierdie goeie daad van jou sal nie onbeloning bly nie"
Belle s'est réveillée et a raconté son rêve à son père
skoonheid het wakker geword en vir haar pa haar droom vertel
le rêve l'a aidé à se réconforter un peu
die droom het gehelp om hom 'n bietjie te troos
mais il ne pouvait s'empêcher de pleurer amèrement en partant
maar hy kon nie help om bitterlik te huil toe hy weggaan nie
Dès qu'il fut parti, Belle s'assit dans la grande salle et pleura aussi
sodra hy weg is, het skoonheid in die groot saal gaan sit en ook gehuil
mais elle résolut de ne pas s'inquiéter
maar sy het besluit om nie onrustig te wees nie
elle a décidé d'être forte pour le peu de temps qui lui restait à vivre
sy het besluit om sterk te wees vir die bietjie tyd wat sy oor het

om te lewe
parce qu'elle croyait fermement que la bête la mangerait
omdat sy vas geglo het die dier sou haar eet
Cependant, elle pensait qu'elle pourrait aussi bien explorer le palais
sy het egter gedink sy kan net sowel die paleis verken
et elle voulait voir le beau château
en sy wou die pragtige kasteel bekyk
un château qu'elle ne pouvait s'empêcher d'admirer
'n kasteel wat sy nie kon help om te bewonder nie
c'était un palais délicieusement agréable
dit was 'n heerlike aangename paleis
et elle fut extrêmement surprise de voir une porte
en sy was uiters verbaas om 'n deur te sien
et sur la porte il était écrit que c'était sa chambre
en oor die deur was geskryf dat dit haar kamer was
elle a ouvert la porte à la hâte
sy maak die deur haastig oop
et elle était tout à fait éblouie par la magnificence de la pièce
en sy was nogal verblind deur die prag van die kamer
ce qui a principalement retenu son attention était une grande bibliothèque
wat hoofsaaklik haar aandag getrek het, was 'n groot biblioteek
un clavecin et plusieurs livres de musique
'n klavesimbel en verskeie musiekboeke
« Eh bien, » se dit-elle
"Wel," sê sy vir haarself
« Je vois que la bête ne laissera pas mon temps peser sur moi »
"Ek sien die dier sal nie my tyd swaar laat hang nie"
puis elle réfléchit à sa situation
toe besin sy by haarself oor haar situasie
« Si je devais rester un jour, tout cela ne serait pas là »
"As ek bedoel was om 'n dag te bly, sou dit alles nie hier gewees het nie."

cette considération lui inspira un courage nouveau
hierdie oorweging het haar met nuwe moed besiel
et elle a pris un livre de sa nouvelle bibliothèque
en sy het 'n boek uit haar nuwe biblioteek geneem
et elle lut ces mots en lettres d'or :
en sy lees hierdie woorde in goue letters:
« Accueillez Belle, bannissez la peur »
"Welkom skoonheid, verban vrees"
« Vous êtes reine et maîtresse ici »
"Jy is koningin en minnares hier"
« Exprimez vos souhaits, exprimez votre volonté »
"Spreek jou wense, spreek jou wil"
« L'obéissance rapide répond ici à vos souhaits »
"Vinnige gehoorsaamheid voldoen hier aan jou wense"
« Hélas, dit-elle avec un soupir
"Ai," sê sy met 'n sug
« Ce que je souhaite par-dessus tout, c'est revoir mon pauvre père. »
"Die meeste van alles wil ek my arme pa sien"
"et j'aimerais savoir ce qu'il fait"
"en ek wil graag weet wat hy doen"
Dès qu'elle eut dit cela, elle remarqua le miroir
Sodra sy dit gesê het, het sy die spieël opgemerk
à sa grande surprise, elle vit sa propre maison dans le miroir
tot haar groot verbasing sien sy haar eie huis in die spieël
son père est arrivé émotionnellement épuisé
haar pa het emosioneel uitgeput opgedaag
ses sœurs sont allées à sa rencontre
haar susters het hom gaan ontmoet
malgré leurs tentatives de paraître tristes, leur joie était visible
ten spyte van hul pogings om bedroef te voorkom, was hul vreugde sigbaar
un instant plus tard, tout a disparu
'n oomblik later het alles verdwyn
et les appréhensions de Belle ont également disparu

en skoonheid se bekommernisse het ook verdwyn
car elle savait qu'elle pouvait faire confiance à la bête
want sy het geweet sy kan die dier vertrou
À midi, elle trouva le dîner prêt
Die middag het sy aandete gereed gekry
elle s'est assise à la table
sy gaan sit by die tafel
et elle a été divertie avec un concert de musique
en sy is vermaak met 'n konsert van musiek
même si elle ne pouvait voir personne
al kon sy niemand sien nie
le soir, elle s'est à nouveau assise pour dîner
saans het sy weer aangesit vir aandete
cette fois elle entendit le bruit que faisait la bête
hierdie keer hoor sy die geraas wat die dier gemaak het
et elle ne pouvait s'empêcher d'être terrifiée
en sy kon nie help om verskrik te wees nie
"Belle", dit le monstre
"skoonheid," sê die monster
"est-ce que tu me permets de manger avec toi ?"
"laat jy my toe om saam met jou te eet?"
« Fais comme tu veux », répondit Belle en tremblant
"maak soos jy wil," antwoord skoonheid bewend
"Non", répondit la bête
"Nee," antwoord die dier
"tu es seule la maîtresse ici"
"jy alleen is minnares hier"
"tu peux me renvoyer si je suis gênant"
"Jy kan my wegstuur as ek lastig is"
« renvoyez-moi et je me retirerai immédiatement »
"stuur my weg en ek sal dadelik onttrek"
« Mais dis-moi, ne me trouves-tu pas très laide ? »
"Maar sê vir my; dink jy nie ek is baie lelik nie?"
"C'est vrai", dit Belle
"Dit is waar," sê skoonheid
« Je ne peux pas mentir »

"Ek kan nie 'n leuen vertel nie"
"mais je crois que tu es de très bonne nature"
"maar ek glo jy is baie goed van aard"
« Je le suis en effet », dit le monstre
"Ek is inderdaad," sê die monster
« Mais à part ma laideur, je n'ai pas non plus de bon sens »
"Maar behalwe vir my lelikheid, het ek ook geen sin nie"
« Je sais très bien que je suis une créature stupide »
"Ek weet baie goed dat ek 'n simpel skepsel is"
« Ce n'est pas un signe de folie de penser ainsi », répondit Belle.
"Dit is geen teken van dwaasheid om so te dink nie," antwoord skoonheid
« Mange donc, belle », dit le monstre
"Eet dan, skoonheid," sê die monster
« essaie de t'amuser dans ton palais »
"probeer om jouself te vermaak in jou paleis"
"tout ici est à toi"
"alles hier is joune"
"et je serais très mal à l'aise si tu n'étais pas heureux"
"en ek sal baie onrustig wees as jy nie gelukkig was nie"
« Vous êtes très obligeant », répondit Belle
"Jy is baie behulpsaam," antwoord skoonheid
« J'avoue que je suis heureux de votre gentillesse »
"Ek erken ek is tevrede met jou vriendelikheid"
« et quand je considère votre gentillesse, je remarque à peine vos difformités »
"en as ek jou goedhartigheid in ag neem, merk ek jou misvormings skaars op"
« Oui, oui, dit la bête, mon cœur est bon.
"Ja, ja," sê die dier, "my hart is goed
"mais même si je suis bon, je suis toujours un monstre"
"maar hoewel ek goed is, is ek steeds 'n monster"
« Il y a beaucoup d'hommes qui méritent ce nom plus que toi »
"Daar is baie mans wat daardie naam meer verdien as jy"

"et je te préfère tel que tu es"
"en ek verkies jou net soos jy is"
"et je te préfère à ceux qui cachent un cœur ingrat"
"en ek verkies jou meer as die wat 'n ondankbare hart verberg"
"Si seulement j'avais un peu de bon sens", répondit la bête
"as ek maar 'n bietjie verstand gehad het," antwoord die dier
"Si j'avais du bon sens, je vous ferais un beau compliment pour vous remercier"
"As ek verstand gehad het, sou ek 'n goeie kompliment maak om jou te bedank"
"mais je suis si ennuyeux"
"maar ek is so dof"
« Je peux seulement dire que je vous suis très reconnaissant »
"Ek kan net sê ek is baie verplig teenoor jou"
Belle a mangé un copieux souper
skoonheid het 'n stewige aandete geëet
et elle avait presque vaincu sa peur du monstre
en sy het amper haar vrees vir die monster oorwin
mais elle a voulu s'évanouir lorsque la bête lui a posé la question suivante
maar sy wou flou word toe die dier haar die volgende vraag vra
"Belle, veux-tu être ma femme ?"
"skoonheid, sal jy my vrou wees?"
elle a mis du temps avant de pouvoir répondre
sy het 'n rukkie geneem voordat sy kon antwoord
parce qu'elle avait peur de le mettre en colère
omdat sy bang was om hom kwaad te maak
Mais finalement elle dit "non, bête"
uiteindelik het sy egter gesê "nee, dier"
immédiatement le pauvre monstre siffla très effroyablement
dadelik sis die arme monster baie skrikwekkend
et tout le palais résonna
en die hele paleis het weerklink
mais Belle se remit bientôt de sa frayeur

maar skoonheid het gou herstel van haar skrik
parce que la bête parla encore d'une voix lugubre
want die dier het weer met 'n treurige stem gepraat
"Alors adieu, Belle"
"toesiens, skoonheid"
et il ne se retournait que de temps en temps
en hy het net nou en dan teruggedraai
de la regarder alors qu'il sortait
om na haar te kyk terwyl hy uitgaan
maintenant Belle était à nouveau seule
nou was skoonheid weer alleen
elle ressentait beaucoup de compassion
sy het 'n groot mate van deernis gevoel
"Hélas, c'est mille fois dommage"
"Ai, dit is 'n duisend jammerte"
"tout ce qui est si bon ne devrait pas être si laid"
"enigiets so goed van aard moet nie so lelik wees nie"
Belle a passé trois mois très heureuse dans le palais
skoonheid het drie maande baie tevrede in die paleis deurgebring
chaque soir la bête lui rendait visite
elke aand het die dier haar besoek afgelê
et ils ont parlé pendant le dîner
en hulle het tydens die aandete gepraat
ils ont parlé avec bon sens
hulle het met gesonde verstand gepraat
mais ils ne parlaient pas avec ce que les gens appellent de l'esprit
maar hulle het nie gepraat met wat mense geestigheid noem nie
Belle a toujours découvert un caractère précieux dans la bête
skoonheid het altyd een of ander waardevolle karakter in die dier ontdek
et elle s'était habituée à sa difformité
en sy het gewoond geraak aan sy misvorming
elle ne redoutait plus le moment de sa visite

sy het nie meer die tyd van sy besoek gevrees nie
maintenant elle regardait souvent sa montre
nou het sy gereeld op haar horlosie gekyk
et elle ne pouvait pas attendre qu'il soit neuf heures
en sy kon nie wag dat dit nege-uur is nie
car la bête ne manquait jamais de venir à cette heure-là
want die dier het nooit gemis om op daardie uur te kom nie
il n'y avait qu'une seule chose qui concernait Belle
daar was net een ding wat betrekking het op skoonheid
chaque soir avant d'aller au lit, la bête lui posait la même question
elke aand voor sy gaan slaap het die dier haar dieselfde vraag gevra
le monstre lui a demandé si elle voulait être sa femme
die monster het haar gevra of sy sy vrou sou wees
un jour elle lui dit : "bête, tu me mets très mal à l'aise"
eendag sê sy vir hom: "bees, jy maak my baie onrustig"
« J'aimerais pouvoir consentir à t'épouser »
"Ek wens ek kon instem om met jou te trou"
"mais je suis trop sincère pour te faire croire que je t'épouserais"
"maar ek is te opreg om jou te laat glo ek sal met jou trou"
"Notre mariage n'aura jamais lieu"
"ons huwelik sal nooit gebeur nie"
« Je te verrai toujours comme un ami »
"Ek sal jou altyd as 'n vriend sien"
"S'il vous plaît, essayez d'être satisfait de cela"
"Probeer asseblief om hiermee tevrede te wees"
« Je dois me contenter de cela », dit la bête
"Hiermee moet ek tevrede wees," sê die dier
« Je connais mon propre malheur »
"Ek ken my eie ongeluk"
"mais je t'aime avec la plus tendre affection"
"maar ek het jou lief met die teerste liefde"
« Cependant, je devrais me considérer comme heureux »
"Ek behoort myself egter as gelukkig te beskou"

"et je serais heureux que tu restes ici"
"en ek moet bly wees dat jy hier sal bly"
"promets-moi de ne jamais me quitter"
"belowe my om my nooit te verlaat nie"
Belle rougit à ces mots
skoonheid bloos vir hierdie woorde
Un jour, Belle se regardait dans son miroir
eendag het skoonheid in haar spieël gekyk
son père s'était inquiété à mort pour elle
haar pa het hom siek vir haar bekommer
elle avait plus que jamais envie de le revoir
sy verlang meer as ooit om hom weer te sien
« Je pourrais te promettre de ne jamais te quitter complètement »
"Ek kan belowe om jou nooit heeltemal te verlaat nie"
"mais j'ai tellement envie de voir mon père"
"maar ek het so 'n groot begeerte om my pa te sien"
« Je serais terriblement contrarié si tu disais non »
"Ek sal onmoontlik ontsteld wees as jy nee sê"
« Je préfère mourir moi-même », dit le monstre
"Ek moes liewer self sterf," sê die monster
« Je préférerais mourir plutôt que de te mettre mal à l'aise »
"Ek sal eerder sterf as om jou ongemaklik te laat voel"
« Je t'enverrai vers ton père »
"Ek sal jou na jou pa toe stuur"
"tu resteras avec lui"
"jy sal by hom bly"
"et cette malheureuse bête mourra de chagrin à la place"
"en hierdie ongelukkige dier sal eerder met hartseer sterf"
« Non », dit Belle en pleurant
"Nee," sê skoonheid huilend
Je t'aime trop pour être la cause de ta mort"
"Ek is te lief vir jou om die oorsaak van jou dood te wees"
Je te promets de revenir dans une semaine"
"Ek gee jou my belofte om oor 'n week terug te keer"
« Tu m'as montré que mes sœurs sont mariées »

"Jy het my gewys dat my susters getroud is"
« et mes frères sont partis à l'armée »
"en my broers het na die weermag gegaan"
« laisse-moi rester une semaine avec mon père, car il est seul »
"laat ek 'n week by my pa bly, want hy is alleen"
« Tu seras là demain matin », dit la bête
"Môreoggend sal jy daar wees," sê die dier
"mais souviens-toi de ta promesse"
"maar onthou jou belofte"
« Il vous suffit de poser votre bague sur une table avant d'aller vous coucher »
"Jy hoef net jou ring op 'n tafel te lê voor jy gaan slaap"
"et alors tu seras ramené avant le matin"
"en dan sal jy voor die môre teruggebring word"
« Adieu chère Belle », soupira la bête
"Vaarwel liewe skoonheid," sug die dier
Belle s'est couchée très triste cette nuit-là
skoonheid het daardie aand baie hartseer gaan slaap
parce qu'elle ne voulait pas voir la bête si inquiète
want sy wou nie die dier so bekommerd sien nie
le lendemain matin, elle se retrouva chez son père
die volgende oggend het sy haarself by haar pa se huis bevind
elle a sonné une petite cloche à côté de son lit
sy lui 'n klokkie langs haar bed
et la servante poussa un grand cri
en die diensmeisie het 'n harde gil gegee
et son père a couru à l'étage
en haar pa het boontoe gehardloop
il pensait qu'il allait mourir de joie
hy het gedink hy gaan van blydskap sterf
il l'a tenue dans ses bras pendant un quart d'heure
hy het haar vir 'n kwartier in sy arms gehou
Finalement, les premières salutations étaient terminées
uiteindelik was die eerste groete verby
Belle a commencé à penser à sortir du lit

skoonheid het begin dink om uit die bed op te staan
mais elle s'est rendu compte qu'elle n'avait apporté aucun vêtement
maar sy het besef sy het geen klere saamgebring nie
mais la servante lui a dit qu'elle avait trouvé une boîte
maar die bediende het vir haar gesê sy het 'n boks gekry
le grand coffre était plein de robes et de robes
die groot kattebak was vol togas en rokke
chaque robe était couverte d'or et de diamants
elke rok was bedek met goud en diamante
La Belle a remercié la Bête pour ses bons soins
skoonheid bedank dier vir sy vriendelike sorg
et elle a pris l'une des robes les plus simples
en sy het een van die eenvoudigste van die rokke geneem
elle avait l'intention de donner les autres robes à ses sœurs
sy was van plan om die ander rokke vir haar susters te gee
mais à cette pensée le coffre de vêtements disparut
maar by daardie gedagte het die kis klere verdwyn
la bête avait insisté sur le fait que les vêtements étaient pour elle seulement
Die dier het volgehou die klere is net vir haar
son père lui a dit que c'était le cas
haar pa het vir haar gesê dit is die geval
et aussitôt le coffre de vêtements est revenu
en dadelik het die klerekas weer teruggekom
Belle s'est habillée avec ses nouveaux vêtements
skoonheid het haarself aangetrek met haar nuwe klere
et pendant ce temps les servantes allèrent chercher ses sœurs
en intussen het diensmeisies haar susters gaan soek
ses deux sœurs étaient avec leurs maris
albei haar susters was by hul mans
mais ses deux sœurs étaient très malheureuses
maar albei haar susters was baie ongelukkig
sa sœur aînée avait épousé un très beau gentleman
haar oudste suster het met 'n baie aantreklike heer getrou
mais il était tellement amoureux de lui-même qu'il

négligeait sa femme
maar hy was so lief vir homself dat hy sy vrou verwaarloos het
sa deuxième sœur avait épousé un homme spirituel
haar tweede suster het met 'n geestige man getrou
mais il a utilisé son esprit pour tourmenter les gens
maar hy het sy geestigheid gebruik om mense te pynig
et il tourmentait surtout sa femme
en hy het sy vrou die meeste van alles gepynig
Les sœurs de Belle l'ont vue habillée comme une princesse
skoonheid se susters het haar soos 'n prinses geklee gesien
et ils furent écœurés d'envie
en hulle was siek van afguns
maintenant elle était plus belle que jamais
nou was sy mooier as ooit
son comportement affectueux n'a pas pu étouffer leur jalousie
haar liefdevolle gedrag kon nie hul jaloesie smoor nie
elle leur a dit combien elle était heureuse avec la bête
sy het vir hulle vertel hoe gelukkig sy was met die dier
et leur jalousie était prête à éclater
en hulle jaloesie was gereed om te bars
Ils descendirent dans le jardin pour pleurer leur malheur
Hulle het in die tuin afgegaan om oor hul ongeluk te huil
« En quoi cette petite créature est-elle meilleure que nous ? »
"Op watter manier is hierdie skepseltjie beter as ons?"
« Pourquoi devrait-elle être tellement plus heureuse ? »
"Hoekom moet sy soveel gelukkiger wees?"
« Sœur », dit la sœur aînée
"Suster," sê die ouer suster
"une pensée vient de me traverser l'esprit"
"'n Gedagte het net my kop getref"
« Essayons de la garder ici plus d'une semaine »
"laat ons probeer om haar vir meer as 'n week hier te hou"
"Peut-être que cela fera enrager ce monstre idiot"
"miskien sal dit die simpel monster woedend maak"

« parce qu'elle aurait manqué à sa parole »
"want sy sou haar woord gebreek het"
"et alors il pourrait la dévorer"
"en dan kan hy haar verslind"
"C'est une excellente idée", répondit l'autre sœur
"dis 'n goeie idee," antwoord die ander suster
« Nous devons lui montrer autant de gentillesse que possible »
"ons moet haar soveel vriendelikheid as moontlik betoon"
les sœurs en ont fait leur résolution
die susters het dit hul besluit gemaak
et ils se sont comportés très affectueusement envers leur sœur
en hulle het baie liefdevol teenoor hulle suster opgetree
pauvre Belle pleurait de joie à cause de toute leur gentillesse
arme skoonheid het geween van blydskap van al hulle goedhartigheid
quand la semaine fut expirée, ils pleurèrent et s'arrachèrent les cheveux
toe die week verby was, het hulle gehuil en hul hare geskeur
ils semblaient si désolés de se séparer d'elle
hulle het so jammer gelyk om van haar te skei
et Belle a promis de rester une semaine de plus
en skoonheid het belowe om 'n week langer te bly
Pendant ce temps, Belle ne pouvait s'empêcher de réfléchir sur elle-même
Intussen kon skoonheid nie help om oor haarself na te dink nie
elle s'inquiétait de ce qu'elle faisait à la pauvre bête
sy was bekommerd wat sy aan die arme dier doen
elle sait qu'elle l'aimait sincèrement
sy weet dat sy opreg lief was vir hom
et elle avait vraiment envie de le revoir
en sy het baie verlang om hom weer te sien
la dixième nuit qu'elle a passée chez son père aussi
die tiende nag het sy ook by haar pa deurgebring

elle a rêvé qu'elle était dans le jardin du palais
sy het gedroom sy is in die paleistuin
et elle rêva qu'elle voyait la bête étendue sur l'herbe
en sy het gedroom sy sien die dier uitgestrek op die gras
il semblait lui faire des reproches d'une voix mourante
dit het gelyk of hy haar met 'n sterwende stem verwyt
et il l'accusa d'ingratitude
en hy het haar van ondankbaarheid beskuldig
Belle s'est réveillée de son sommeil
skoonheid het uit haar slaap wakker geword
et elle a fondu en larmes
en sy het in trane uitgebars
« Ne suis-je pas très méchant ? »
"Is ek nie baie goddeloos nie?"
« N'était-ce pas cruel de ma part d'agir si méchamment envers la bête ? »
"Was dit nie wreed van my om so onvriendelik teenoor die dier op te tree nie?"
"la bête a tout fait pour me faire plaisir"
"dier het alles gedoen om my te behaag"
« Est-ce sa faute s'il est si laid ? »
"Is dit sy skuld dat hy so lelik is?"
« Est-ce sa faute s'il a si peu d'esprit ? »
"Is dit sy skuld dat hy so min verstand het?"
« Il est gentil et bon, et cela suffit »
"Hy is vriendelik en goed, en dit is voldoende"
« Pourquoi ai-je refusé de l'épouser ? »
"Hoekom het ek geweier om met hom te trou?"
« Je devrais être heureux avec le monstre »
"Ek behoort gelukkig te wees met die monster"
« regarde les maris de mes sœurs »
"kyk na die mans van my susters"
« Ni l'esprit, ni la beauté ne les rendent bons »
"nóg geestigheid, nóg 'n mooi wese maak hulle goed nie"
« aucun de leurs maris ne les rend heureuses »
"nie een van hul mans maak hulle gelukkig nie"

« mais la vertu, la douceur de caractère et la patience »
"maar deug, soetheid van humeur en geduld"
"ces choses rendent une femme heureuse"
"Hierdie dinge maak 'n vrou gelukkig"
"et la bête a toutes ces qualités précieuses"
"en die dier het al hierdie waardevolle eienskappe"
"c'est vrai, je ne ressens pas de tendresse et d'affection pour lui"
"dit is waar; ek voel nie die teerheid van liefde vir hom nie"
"mais je trouve que j'éprouve la plus grande gratitude envers lui"
"maar ek vind ek het die grootste dankbaarheid vir hom"
"et j'ai la plus haute estime pour lui"
"en ek het die hoogste agting van hom"
"et il est mon meilleur ami"
"en hy is my beste vriend"
« Je ne le rendrai pas malheureux »
"Ek sal hom nie ellendig maak nie"
« Si j'étais si ingrat, je ne me le pardonnerais jamais »
"As ek so ondankbaar sou wees, sou ek myself nooit vergewe nie"
Belle a posé sa bague sur la table
skoonheid het haar ring op die tafel gesit
et elle est retournée au lit
en sy het weer gaan slaap
à peine était-elle au lit qu'elle s'endormit
skaars was sy in die bed voor sy aan die slaap geraak het
elle s'est réveillée à nouveau le lendemain matin
sy het die volgende oggend weer wakker geword
et elle était ravie de se retrouver dans le palais de la bête
en sy was verheug om haarself in die dier se paleis te bevind
elle a mis une de ses plus belles robes pour lui faire plaisir
sy het een van haar mooiste rokke aangetrek om hom tevrede te stel
et elle attendait patiemment le soir
en sy het geduldig gewag vir die aand

enfin l' heure tant souhaitée est arrivée
uiteindelik het die verlangde uur gekom
L'horloge a sonné neuf heures, mais aucune bête n'est apparue
die klok het nege geslaan, maar geen dier het verskyn nie
La belle craignit alors d'avoir été la cause de sa mort
skoonheid het toe gevrees dat sy die oorsaak van sy dood was
elle a couru en pleurant dans tout le palais
sy hardloop huilend oral om die paleis
après l'avoir cherché partout, elle se souvint de son rêve
nadat sy oral na hom gesoek het, het sy haar droom onthou
et elle a couru vers le canal dans le jardin
en sy hardloop na die kanaal in die tuin
là elle a trouvé la pauvre bête étendue
daar het sy die arme dier uitgestrek gevind
et elle était sûre de l'avoir tué
en sy was seker sy het hom doodgemaak
elle se jeta sur lui sans aucune crainte
sy het haar sonder enige vrees oor hom gegooi
son cœur battait encore
sy hart het steeds geklop
elle est allée chercher de l'eau au canal
sy het bietjie water uit die kanaal gaan haal
et elle versa l'eau sur sa tête
en sy het die water op sy kop gegooi
la bête ouvrit les yeux et parla à Belle
die dier het sy oë oopgemaak en met skoonheid gepraat
« Tu as oublié ta promesse »
"Jy het jou belofte vergeet"
« J'étais tellement navrée de t'avoir perdu »
"Ek was so hartseer om jou te verloor het"
« J'ai décidé de me laisser mourir de faim »
"Ek het besluit om myself uit te honger"
"mais j'ai le bonheur de te revoir une fois de plus"
"maar ek het die geluk om jou weer te sien"
"j'ai donc le plaisir de mourir satisfait"

"dus het ek die plesier om tevrede te sterf"
« Non, chère bête », dit Belle, « tu ne dois pas mourir »
"Nee, liewe dier," sê skoonheid, "jy mag nie sterf nie"
« Vis pour être mon mari »
"Leef om my man te wees"
"à partir de maintenant je te donne ma main"
"van hierdie oomblik af gee ek jou my hand"
"et je jure de n'être que le tien"
"en ek sweer om niemand anders as joune te wees nie"
« Hélas ! Je pensais n'avoir que de l'amitié pour toi »
"Ai! Ek het gedink ek het net 'n vriendskap vir jou"
« mais la douleur que je ressens maintenant m'en convainc » ;
"maar die hartseer wat ek nou voel, oortuig my;"
"Je ne peux pas vivre sans toi"
"Ek kan nie sonder jou lewe nie"
Belle avait à peine prononcé ces mots lorsqu'elle vit une lumière
skoonheid het hierdie woorde skaars gesê toe sy 'n lig sien
le palais scintillait de lumière
die paleis het geskitter van lig
des feux d'artifice ont illuminé le ciel
vuurwerke het die lug verlig
et l'air rempli de musique
en die lug gevul met musiek
tout annonçait un grand événement
alles het kennis gegee van een of ander groot gebeurtenis
mais rien ne pouvait retenir son attention
maar niks kon haar aandag vashou nie
elle s'est tournée vers sa chère bête
sy draai na haar dierbare dier
la bête pour laquelle elle tremblait de peur
die dier vir wie sy gebewe het van vrees
mais sa surprise fut grande face à ce qu'elle vit !
maar haar verbasing was groot oor wat sy gesien het!
la bête avait disparu

- 36 -

die dier het verdwyn
Au lieu de cela, elle a vu le plus beau prince
in plaas daarvan het sy die lieflikste prins gesien
elle avait mis fin au sort
sy het 'n einde aan die towery gemaak
un sort sous lequel il ressemblait à une bête
'n betowering waaronder hy soos 'n dier gelyk het
ce prince était digne de toute son attention
hierdie prins was al haar aandag werd
mais elle ne pouvait s'empêcher de demander où était la bête
maar sy kon nie anders as om te vra waar die dier is nie
« Vous le voyez à vos pieds », dit le prince
"Jy sien hom aan jou voete," sê die prins
« Une méchante fée m'avait condamné »
"'n Bose fee het my veroordeel"
« Je devais rester dans cette forme jusqu'à ce qu'une belle princesse accepte de m'épouser »
"Ek moes in daardie vorm bly totdat 'n pragtige prinses ingestem het om met my te trou."
"la fée a caché ma compréhension"
"die fee het my begrip verberg"
« tu étais le seul assez généreux pour être charmé par la bonté de mon caractère »
"Jy was die enigste een wat vrygewig genoeg was om bekoor te word deur die goedheid van my humeur"
Belle était agréablement surprise
skoonheid was gelukkig verras
et elle donna sa main au charmant prince
en sy het die bekoorlike prins haar hand gegee
ils sont allés ensemble au château
hulle het saam in die kasteel gegaan
et Belle fut ravie de retrouver son père au château
en skoonheid was verheug om haar pa in die kasteel te vind
et toute sa famille était là aussi
en haar hele gesin was ook daar
même la belle dame qui lui était apparue dans son rêve était

là
selfs die pragtige dame wat in haar droom verskyn het, was daar

"Belle", dit la dame du rêve
"skoonheid," sê die dame uit die droom

« viens et reçois ta récompense »
"kom en ontvang jou beloning"

« Vous avez préféré la vertu à l'esprit ou à l'apparence »
"jy het deug bo geestigheid of voorkoms verkies"

"et tu mérites quelqu'un chez qui ces qualités sont réunies"
"en jy verdien iemand in wie hierdie eienskappe verenig is"

"tu vas être une grande reine"
"jy gaan 'n groot koningin wees"

« J'espère que le trône ne diminuera pas votre vertu »
"Ek hoop nie die troon sal jou deug verminder nie"

puis la fée se tourna vers les deux sœurs
toe draai die feetjie na die twee susters

« J'ai vu à l'intérieur de vos cœurs »
"Ek het in julle harte gesien"

"et je connais toute la méchanceté que contiennent vos cœurs"
"en ek ken al die boosheid wat jou harte bevat"

« Vous deux deviendrez des statues »
"Julle twee sal standbeelde word"

"mais vous garderez votre esprit"
"maar jy sal jou gedagtes behou"

« Tu te tiendras aux portes du palais de ta sœur »
"Jy moet by die poorte van jou suster se paleis staan"

"Le bonheur de ta sœur sera ta punition"
"Jou suster se geluk sal jou straf wees"

« vous ne pourrez pas revenir à vos anciens états »
"jy sal nie na jou vorige state kan terugkeer nie"

« à moins que vous n'admettiez tous les deux vos fautes »
"tensy julle albei jul foute erken"

"mais je prévois que vous resterez toujours des statues"
"maar ek voorsien dat julle altyd standbeelde sal bly"

« L'orgueil, la colère, la gourmandise et l'oisiveté sont parfois vaincus »
"trots, woede, vraatsug en ledigheid word soms oorwin"
" mais la conversion des esprits envieux et malveillants sont des miracles "
"maar die bekering van afgunstige en kwaadwillige verstande is wonderwerke"
immédiatement la fée donna un coup de baguette
dadelik het die feetjie 'n beroerte met haar towerstaf gegee
et en un instant tous ceux qui étaient dans la salle furent transportés
en in 'n oomblik is almal wat in die saal was, vervoer
ils étaient entrés dans les domaines du prince
hulle het in die prins se heerskappy ingegaan
les sujets du prince l'ont reçu avec joie
die prins se onderdane het hom met blydskap ontvang
le prêtre a épousé Belle et la bête
die priester het met skoonheid en die dier getrou
et il a vécu avec elle de nombreuses années
en hy het baie jare by haar gewoon
et leur bonheur était complet
en hulle geluk was volkome
parce que leur bonheur était fondé sur la vertu
omdat hulle geluk op deugde gegrond was

La fin
Die Einde

www.tranzlaty.com

www.ingramcontent.com/pod-product-compliance
Lightning Source LLC
Chambersburg PA
CBHW011556070526
44585CB00023B/2633